BEI GRIN MACHT SICH IHR WISSEN BEZAHLT

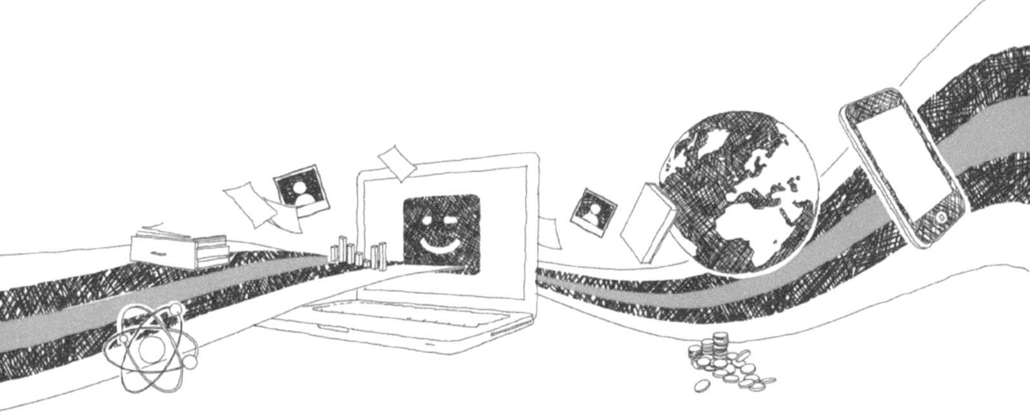

- Wir veröffentlichen Ihre Hausarbeit,
  Bachelor- und Masterarbeit

- Ihr eigenes eBook und Buch -
  weltweit in allen wichtigen Shops

- Verdienen Sie an jedem Verkauf

Jetzt bei www.GRIN.com hochladen
und kostenlos publizieren

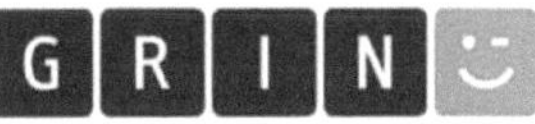

Ernst Probst

Inge Meysel. Deutschlands "Fernsehmutter der Nation"

GRIN Verlag

Bibliografische Information der Deutschen Nationalbibliothek:

Die Deutsche Bibliothek verzeichnet diese Publikation in der Deutschen National-
bibliografie; detaillierte bibliografische Daten sind im Internet über http://dnb.d-
nb.de/ abrufbar.

Impressum:

Copyright © 2012 GRIN Verlag, Open Publishing GmbH
Druck und Bindung: Books on Demand GmbH, Norderstedt Germany
ISBN: 978-3-656-16026-7

Dieses Buch bei GRIN:

http://www.grin.com/de/e-book/190977/inge-meysel-deutschlands-fernsehmutter-
der-nation

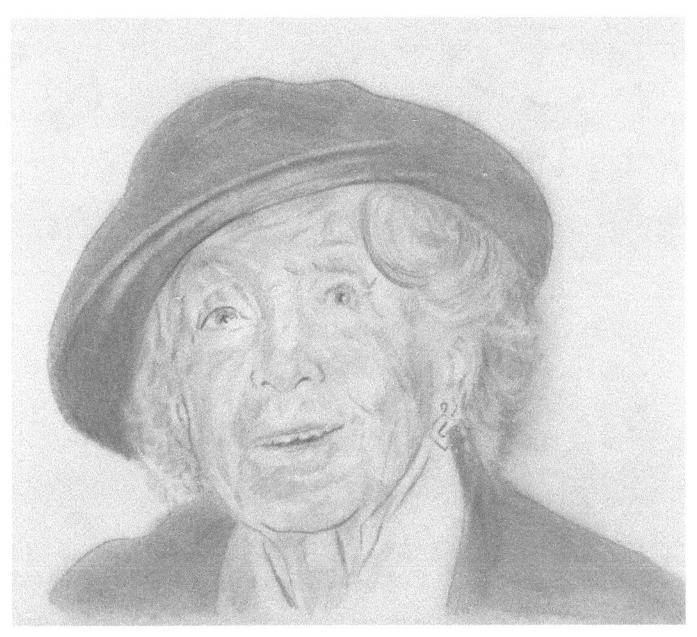

Inge Meysel (1910–2004),
Zeichnung von Marc Heiko Ulrich, Kunstzeichner.de

Ernst Probst

Inge Meysel

Deutschlands „Fernsehmutter
der Nation"

Inge Meysel

Deutschlands „Fernsehmutter
der Nation"

Die beliebteste deutsche Schauspielerin der Nachkriegszeit war zweifellos Inge Meysel (1910–2004), geborene Ingeborg Hansen. Auf der Bühne, auf der Kinoleinwand und auf dem Bildschirm spielte sie Salondamen ebenso überzeugend wie resolute Frauen aus dem Alltag oder verbitterte, gefühlskalte und bösartige Mütter. Kritiker verliehen der Künstlerin den Titel „Fernsehmutter der Nation", obwohl sie nach eigener Einschätzung kein mütterlicher Typ war
Ingeborg Charlotte Hansen wurde am 30. Mai 1910 unehelich in Rixdorf bei Berlin geboren. Sie musste mit der Zange herausgezogen werden, wovon eine Narbe im Nacken zeugte. Ihre Mutter war die 19-jährige christliche Dänin Margarete (Grete) Hansen, ihr Vater der 20 Jahre alte jüdische Deutsche Julius Meysel. Beide hatten einen Jungen erhofft, deswegen Wäsche, Wiege und Strampelhöschen in Blau gekauft und waren bei der Geburt des Mädchens fassungslos.
Die Eltern heirateten am 17. August 1910. Der Vater hat Ingeborg als sein Kind anerkannt und adoptiert, wodurch diese fortan Inge Meysel hieß. In ihrem

amüsanten und ergreifenden Buch „Frei heraus – mein
Leben" (1991) berichtete Inge Meysel, dass ihre jungen
Eltern fast täglich ausgingen und sie bei den Großeltern
ablieferten. Die Kleine sprach lange Zeit nicht, doch
kurz vor ihrem zweiten Geburtstag sagte sie die Vor-
namen von Mutter und Vater.

Ab sechs Jahren besuchte Inge Meysel in Berlin die
Gemeindeschule, wo sie bereits nach der ersten halben
Stunde erklärte: „So ich muss mal raus." Die Lehrerin
antwortete ihr, dies dürfe man nur während der Pause,
doch Inge wurde von ihrem Vater darin bestärkt, wenn
sie müsse, solle sie trotzdem rausgehen. Danach konnte
sie ihr ganzes Leben lang keiner mehr daran hindern
rauszugehen, wenn es sein musste.

Im Juli 1916 wurde Inges Vater in der Schlacht an der
Somme in Frankreich so schwer verwundet, dass man
ihm ohne Narkose in einem Feldlazarett den rechten
Arm amputierte. Der Vater kam nach mehreren
Lazarettaufenthalten erst drei Wochen nach dem Ende
des Ersten Weltkrieges Anfang 1919 nach Hause. Seine
Ehefrau musste ihm fortan beim Waschen, Rasieren,
Schuhschnüren und bei vielen anderen Tätigkeiten
helfen.

Als Zehnjährige wurde Inge Meysel zum Hut-
mannequin, weil ihre Tante als Direktrice in der
Hutabteilung des Berliner Kaufhauses „Tietz" arbeitete.
Aus dieser Zeit stammt ihre Vorliebe für Hüte. Inges
Mutter verriet später, ihre Tochter habe für Leute, die

sie nicht leiden konnte, aus Rache in vornehmen Geschäften unmögliche Sachen bestellt. Wegen „sittlicher Unreife" musste Inge einmal eine Klasse wiederholen.

Der Vater zog ab 1920/1921 einen Zigarettengroßhandel auf und ermöglichte Inge den Besuch des Städtischen Margaretenlyceums in Berlin. Früh engagierte sie sich politisch. 1925 hielt die 15-jährige Inge bei einer Kundgebung der Berliner Jungdemokraten eine Rede gegen die Todesstrafe. Viele Jungdemokraten gehörten zu ihrem Freundeskreis, aber politisch fühlte sie sich mehr zu den Jungsozialisten hingezogen.

Während des Sommerurlaubs 1926 im Ostseebad Swinemünde sah die 16-jährige Inge Meysel zwei Schauspielerinnen mit Bubikopffrisur auf der Kinoleinwand. Bald danach ließ sie sich von einem Berliner Friseur ihre langen, rothaarigen Zöpfe abschneiden.

Nach dem ersten Theaterauftritt der 16-Jährigen in der Schule in dem Stück „Die versunkene Glocke" von Gerhart Hauptmann (1862–1946) bestürmten sie viele ihrer Zuschauer, sie müsse unbedingt zum Theater, was sie selbst schon lange plante. Inge beschloss, das Lyceum zu verlassen und meldete sich mit der nachgeahmten Unterschrift ihres Vaters von der Schule ab.

1928 ging Inge Meysel in Berlin in die Schauspielschule von Ilka Grüning (1876–1964), die 1934 Deutschland verlassen musste, weil sie Jüdin war, und von Lucie Höflich (1883–1956). Im August 1930 fuhr Inge nach Zwickau (Sachsen), wo sie ihr erstes Engagement erhielt. Sie trat in dem Stück „Charleys Tante" auf, wo beim Schluss-applaus einige Zuschauer laut „Bravo" riefen. Ende der 1920-er Jahre fand Inge Meysel eine neue politische Heimat bei den Jungsozialisten. In den 1920-er Jahren beteiligte sie sich auch an Protesten gegen den Abtreibungs-Paragraphen 218.

Von 1931 bis 1932 war Inge Meysel am „Schauspielhaus Leipzig" und ab Herbst 1932 als Gast am „Renaissance-Theater" in Berlin engagiert. Wegen ihres jüdischen Vaters erhielt sie im August 1935 von den „Nazis" Berufsverbot als Schauspielerin. Ihr Vater wurde enteignet und entging nur knapp der Deportation, weil Reinhard Heydrich (1904–1942), der unter anderem Chef des Reichssicherheitsamts war, persönlich seine Freilassung als Kriegsversehrter des Ersten Weltkrieges (1914–1918) anordnete. Ab 1942 musste sich der Vater vor den „Nazis" verstecken.

Der Gruß „Heil Hitler" kam Inge Meysel nie über die Lippen. Manchmal dachte sie stundenlang darüber nach, wie sie bei dieser oder jener Gelegenheit um diese verhasste Pflicht herumkommen könne.

Ab 1932 lebte Inge Meysel mit dem Hamburger Schauspieler Helmut Rudolph, den sie „Hell" nannte, zusammen. Eine Heirat zwischen „Ariern" und „Halbjuden" – so die damaligen Ausdrücke der „Nazis" – war im Dritten Reich verboten. Am 19. Januar 1942 brachte Inge Meysel ein Mädchen zur Welt, das kurz danach starb. Ab 1942 arbeitete sie in Hamburg zunächst anderthalb Jahre als Telefonistin und technische Zeichnerin sowie später in einem Betrieb, der Fallschirmeinfassungen herstellte.

Nach Kriegsende haben Inge Meysel und Helmut Rudolph 1945 geheiratet. Anfang September jenes Jahres stand Inge Meysel – nach zehnjähriger von den „Nazis" verordneter Zwangspause – als Schuldknechtweib in „Jedermann" in der St. Johanniskirche in Hamburg erstmals wieder auf der Bühne. Von 1946 bis 1955 spielte sie am „Thalia-Theater" in Hamburg. 1947 ließ sie sich von Helmut Rudolph scheiden.

1956 heiratete Inge Meysel den Regisseur John Olden (1918–1965), dessen Inszenierungen Fernsehgeschichte machten. Durch die Zusammenarbeit mit ihm kam sie zum Charakterfach. 1959/1960 gelang ihr als Portiersfrau in „Das Fenster zum Flur" der große Durchbruch auf der Bühne und im Fernsehen. Damals wurde ihr späterer Ruf als „Fernsehmutter der Nation" begründet. Ihr Mann John Olden starb 1965 im Alter von nur 46 Jahren an einem Herzinfarkt.

Ab 1965 stand das Fernsehen im Mittelpunkt der künstlerischen Arbeit von Inge Meysel. Im Laufe der Zeit arbeitete sie in mehr als 100 Produktionen mit. Anfangs stellte sie mit Gemüt, Humor und häufig mit rauer Schale resolute Frauen aus dem Alltag dar – wie in den TV-Serien „Im sechsten Stock", „Ida Rogalsky", „Gertrud Stranitzki", „Stadtpark" und „Die Unver-

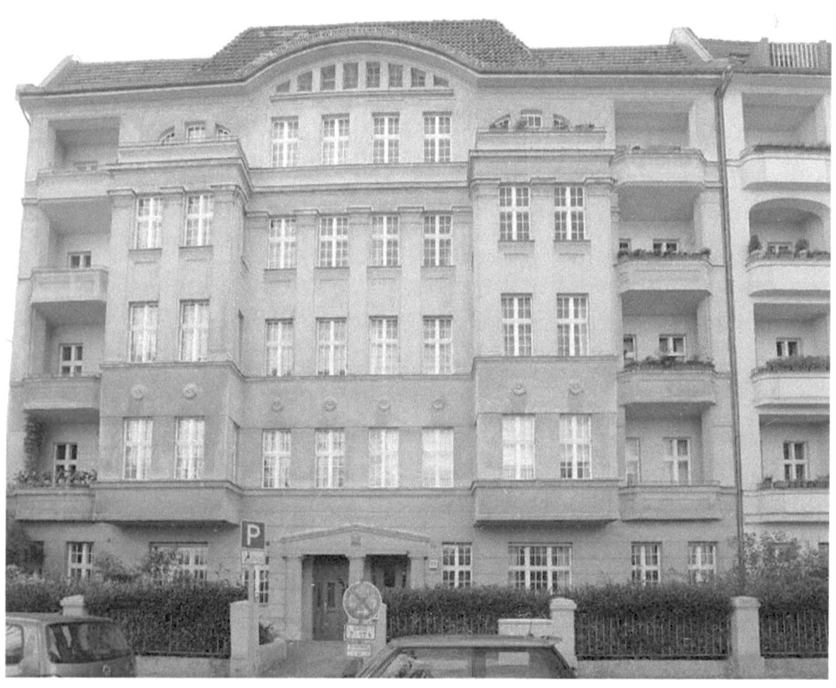

Bis 1999 wohnte Inge Meysel
im Erdgeschoss des Hauses Heylstraße 29 in Berlin.

besserlichen" (1965–1972). Daneben überzeugte sie als verbitterte oder gefühlskalte Mutter wie in „Wassa Schelesnowa" (1984) des russischen Schriftstellers Maxim Gorki (1868–1936). Wie ihr auf den Leib geschrieben war auch die Paraderolle der Londoner Putzfrau Ada Harris in mehreren Fernsehproduktionen.

Im Theater spielte Inge Meysel unter anderem die Julia in „Cocktail Party", Monna in „Blaubarts achte Frau", Milli in „Meine beste Freundin", die „Heiratsvermittlerin", Portiersfrau im „Fenster zum Hof" (mehr als 300 Mal hintereinander), Mutter Wolffen im „Der Biberpelz", „Frau im Morgenrock", Frau John in „Die Ratten", „Hebamme" und Maude in „Harold und Maude".

Auf der Kinoleinwand sah man Inge Meysel in den Filmen „Liebe 47" (1949), „Die Andere" (1949), „Der Fall Rabanser" (1950), „Die Dubarry" (1951), „Der Mann meines Lebens" (1952), „Des Teufels General" (1955), „Nasser Asphalt" (1958), „Das Mädchen vom Moorhof" (1958), „Rosen für den Staatsanwalt" (1959) und „Der rote Strumpf" (1981).

Zwischen 1961 und 1972 erhielt Inge Meysel elf Mal den „Bravo-Otto" der Zeitschrift „Bravo" (6 mal Gold, 4 mal Silber, 1 mal Bronze, Publikumspreis), zwischen 1968 und 1990 sechs „Goldene Bambis" der Zeitschrift „Bild + Funk", 1985 die „Goldene Kamera" der Zeitschrift „Hörzu" und 1999 die „Goldene Kamera Millenium". 1981 lehnte sie die Annahme des Bundesverdienstkreuzes mit dem Kommentar ab: „Einen Orden

dafür, dass man anständig gelebt hat, brauch' ich nicht"
1985 verlieh man ihr das „Silberne Blatt" der
Dramatiker-Union. Seit ihrem 81. Geburtstag trug sogar
ein Stern am Himmel den Namen Inge Meysel.
Auch im reiferen Alter engagierte sich Inge Meysel auf
vielen Gebieten. 1972 unterstützte sie den Bundes-
tagswahlkampf von Willy Brandt (1913–1992). Zusammen mit der Journalistin und Feministin Alice
Schwarzer und acht weiteren Fragen klagte sie 1978
wegen Sexismus gegen das Magazin „Stern". Sie war
eine bekennende „Naturistin". Ihre gleichgeschlecht-
lichen Erfahrungen verschwieg sie nicht. Sie erklärte
„Ich habe Frauen geliebt", „Ich war bisexuell, ich, die
Mutter der Nation" und „Wer nicht bisexuell ist, verpaßt
das Beste".
Auerdem unterstützte Inge Meysel den Kampf gegen
AIDS mit Auftritten bei Benefizveranstaltungen. Ab
1991 warb sie für die „Deutsche Gesellschaft für Hu-
manes Sterben". Mit Geld für ein Studium unterstützte
sie die ehemalige Bundestagsabgeordnete Angela Mar-
quart (damals „PDS", inzwischen „SPD").
Der Umgang mit Inge Meysel war nicht immer leicht.
Einerseits verhielt sie sich oft sehr hilfsbereit, ande-
rerseits reagierte sie nicht selten sehr gereizt, wenn ihr
etwas nicht passte. Immer wollte sie das letzte Wort
haben. Junge Kolleginnen bürstete sie gern mütterlich-
herablassend als „Kindchen" ab. Die schweizwische
Schauspielerin Regine Lutz schimpfte über ihre 18 Jahre

ältere Kollegin Meysel: „Sie duldet keine Götter neben sich".

Immer mehr Sympathien verscherzte sich Inge Meysel bei den Einwohnern des wenige Kilometer von Hamburg entfernten Elbmarsch-Dorfes Seevetal-Bullenhausen, wo sie einen Luxusbungalow besaß. Dort verklagte sie bereits 1975 einen Nachbarn, der sein Schlafzimmer erweitert und damit ihren 170-Grad-Flusspanorama-Blick auf die Elbe um 8 Grad verringerte hatte. Die streitbare Diva verlor aber vor Gericht.

1999 brachte Inge Meysel viele Einwohner von Seevetal-Bullenhausen gegen sich auf. Damals wehrte sie sich vehement dagegen, dass vor ihrem Luxusbungalow mit Panoramablick zur Elbe ein acht Meter hoher Deich errichtet werden sollte. Nach Auffassung des Küstenschutzamtes in Lüneburg war dieser Deich dringend notwendig, weil durch Elbvertiefung und Klimaveränderung die Hochwassergefahr viel größer als noch vor 20 Jahren war. Inge Meysel erklärte: „Solange ich hier lebe, wird kein Erdwall aufgeschüttet. Ich will den freien Blick auf die Elbe". Sonst wisse sie ja nicht mehr, dass sie überhaupt am Wasser wohne.

Bei ihrer Ablehnung gegen den geplanten Deich verstieg sich Inge Meysel teilweise in der Wortwahl. „Ich kann doch schwimmen und ich bin doch schon so alt, da ist mir egal, wenn das Wasser kommt", erklärte sie in den Frühnachrichten von Hamburger Lokalsendern. Diese

egoistische Aussage empörte viele Menschen in Seevetal-Bullenhausen sehr. „Soll denn das ganze Dorf unter-gehen?", fragten manche. Eine Einwohnerin sagte weinend „Ich hasse sie". Eine Nachbarin meinte: „Die ist doch im Fernsehen so mütterlich, dann soll sie Gutes tun und dem Dorf den Deich geben".
Auch optisch machte die 88-jährige Inge Meysel bei ih-rem Kampf gegen den hohen Deich nicht immer eine gute Figur. „Der Spiegel" berichtete am 3. Mai 1999: „Als sich genügend Journalisten vor ihrem Haus ver-sammelt hatten, nutzte sie die PR-Chance, rannte quietschfidel in Hend und Miederhöschen in den Garten und begann eine gesten- und wortreiche Deich-Debatte. Filmaufnahmen verbat sich die alte Dame. nicht der knappen Kleidung wegen – ihr Haar war nicht frisiert". Ab 2003 litt Inge Meysel an Altersdemenz. 2004 sah man sie in einer Folge der Fernsehserie „Polizeiruf 110", als sie mit 93 Jahren die wehrhafte Oma Kampnagel spielte. Ende April 2004 erlitt sie einen komplizierten Trümmerbruch des rechten Oberschenkels, der danach in einer Notoperation mit einem Hüftgelenksnagel stabilisiert wurde.
Am 10. Juli 2004 starb Inge Meysel in ihrer Villa in Seevetal-Bullenhausen (Niedersachsen) im Alter von 94 Jahren an einem Herzstillstand. Ihr Asche wurde am 23. Juli 2004 in einer Urne auf dem Friedhof Hamburg-Ohlsdorf im Grab neben ihrem verstorbenen Ehemann John Olden beigesetzt.

Zitate von Inge Meysel

Ältere Leute sollen sich geistig jung halten: täglich zwei bis drei Sätze aus der Zeitung auswendig lernen.

Eine Junggesellin ist eine Frau, die einmal zu oft Nein gesagt hat.

Ein geglückter Krach zwischen Mann und Frau ist ein Donner, der den Blitzschlag verhindert.

Ein Kalender ist ein Jahr, das man auf Vorrat kauft.

Ein Mann ist ein Lebewesen, das die Fußballkarten drei Monate im voraus kauft und mit den Weihnachtsein-käufen wartet bis Heiligabend.

Erfahrung ist die beste Lehrmeisterin, und das Gute daran ist: Man bekommt stets Einzelunterricht.

Glück in der Ehe setzt viele kleine Aufmerksamkeiten und manchmal eine große Unaufmerksamkeit voraus.

Hinter jeder Frau im Nerz steht eine andere, die darüber witzelt, wo sie ihn herhat.

Männer entwickeln sich bis 14, danach wachsen sie nur
noch.

Männer sind Kinder, die einfach in Ruhe spielen wollen.
Gäbe es Aufsitzstaubsauger, würden sie sogar im Haus-
halt helfen.

Nichts auf der Welt ist so durchsichtig wie die Notlüge
eines Mannes.

Singende Kinder sind unwiderstehlich. Gegen Kinder
und Tiere ist nicht mal Caruso angekommen.

Was wir den guten Ruf nennen, ist eher eine beruhigende
Stille.

Filme von Inge Meysel

(Auswahl)

1933: Großstadtnacht
1949: Liebe 47
1949: Die Andere
1950: Schatten der Nacht
1950: Meine Nichte Susanne
1950: Der Fall Rabanser
1950: Taxi-Kitty
1951: Engel im Abendkleid
1951: Sensation in San Remo
1951: Kommen Sie am Ersten
1951: Die Dubarry
1952: Unter den tausend Laternen
1952: Tanzende Sterne
1952: Mann meines Lebens
1954: Im sechsten Stock
1954: Neues aus dem sechsten Stock
1955: Des Teufels General
1955: Wie konnte das mir passieren?
1956: Ein Mann muß nicht immer schön sein
1956: Uns gefällt die Welt
1958: Unser Herr Vater
1958: Dr. Crippen lebt

1958: Die Abiturientin
1958: Nasser Asphalt
1958: Penelope oder die Lorbeermaske
1958: Immer die Radfahrer
1958: Das Mädchen vom Moorhof
1958: Kabale und Liebe
1959: Bobby Dodd greift ein
1959: Rosen für den Staatsanwalt
1959: Liebe verboten – Heiraten erlaubt
1960: Als geheilt entlassen
1960. Die Zeit und die Conways
1960: Das Fenster zum Flur
1960: Madame Sans-Gêne
1961: Blond muß man sein auf Capri
1961: Schau heimwärts, Engel
1961: Im sechsten Stock
1962: Der Biberpelz
1962: Der rote Hahn (Regie:
1962: Ihr schönster Tag
1963: Stadtpark
1964: Der Prozeß Carl von O.
1964: Wachet und singet
1964: Ein Frauenarzt klagt an
1964: Eines schönen Tages
1964: Die fünfte Kolonne TV-Serie – Folge: Tivoli
1965: Nächstes Jahr in Jerusalem
1965: Die eigenen vier Wände
1965–1971: Die Unverbesserlichen (Fernsehserie mit
sieben Folgen)

1966–1968: Gertrud Stranitzki (als Käthe Scholz in
der Fernsehserie)
1967: Wenn der junge Wein blüht
1967: Palme im Rosengarten
1969: Die Ratten
1969: So war Mama
1969: Wehe' dem, der erbt
1969–1970: Ida Rogalski (Fernsehserie mit 13 Folgen)
1970: Keiner erbt für sich allein
1973: Kinderheim Sasener Chaussee (TV-Serie mit
6 Folgen)
1974: Orpheus in der Unterwelt
1974: Eine geschiedene Frau
1974: Mütter
1975: Hundert Mark (Fernsehserie)
1976: Die Hebamme
1977: Endstation Paradies
1979: Ihr 106. Geburtstag
1979: Noch 'ne Oper
1979: Spaß beiseite, Herbert kommt (Fernseh-
Miniserie)
1979–1982: St. Pauli-Landungsbrücken (als Gretchen
Ebelmann in der Fernsehserie mit 11 Folgen)
1980: Bühne frei für Kolowitz
1981: Der rote Strumpf
1981: Die kluge Witwe
1982: Krimistunde
1982: Mrs. Harris – Ein Kleid von Dior

1983: Frau Juliane Winkler
1983: Heut'abend (Fernsehserie)
1983: Wie war das damals?
1984: Selbstbedienung
1984: Treffpunkt im Unendlichen
1984: Ada Harris ins Parlament
1984: Das Geschenk
1984: Mrs. Harris 1981: Die kluge Witwe Freund mit Rolls Royce
1985: Grenzenloses Himmelblau
1984: Die Dame und die Unterwelt
1985: Suche Familie 9– zahle bar
1985: Derrick (Episode: Schwester Hilde)
1986: Roncalli (Fernsehserie)
1986: Vertrauen gegen Vertrauen
1987: Die Erbschaft
1987: Mrs. Harris – Der geschmuggelte Henry
1987: Mrs. Harris fährt nach Moskau
1988: Neapel sehen und erben
1988: Spätes Glück nicht ausgeschlossen
1989: Mrs. Harris fährt nach Monte Carlo
1989: Ein Heim für Tiere (Fernsehserie)
1989: Der Alte (Fernsehserie, Folge: Der Augenblick der Rache)
1989: Die Staatskanzlei
1991: Mrs. Harris und der Heiratsschwindler
1991: Taxi nach Rathenow
1992. V comme vengeance (Fernsehserie)

1992: Kein pflegeleichter Fall
1993: Schlußabrechnung
1994: Großmutters Courage
1995: Glück auf Kredit
1995–2004: Polizeiruf 110
1996: Inge Meysel: Babuschka
1997: Forsthaus Falkenau (Fernsehserie)
1997: Guppies zum Tee
1998: Das vergessene Leben
1999: Großstadtrevier (Fernsehserie, Folge 135)
1999: Zwei Männer am Herd
2000: Die blauen und die grauen Tage
2000: Tatort (Folge: Tante Poldi)
2001: Bargeld lacht
2001: Die Liebenden vom Alexanderplatz

Auszeichnungen von Inge Meysel

11 mal „Bravo-Otto" (6 mal in Gold, 4 mal in Silber
und 1 mal Bronze, Publikumspreis) der Jugendzeit-
schrift „Bravo" (1961–1972)
6 mal „Bambi", Medienpreis der Hubert Burda
Medien (1968, 1970–1973, 1990)
„Goldener Bildschirm" (1966)
„Goldene Kamera" (1965 und für das Lebenswerk
1999)
„Goldener Vorhang" des Berliner Theaterclubs „Die
Hebamme" (1975/1976)
„Silberner Bildschirm" (1966 und 1967)
Bundesverdienstkreuz (1981, ausgeschlagen)
„Silbernes Blatt" der „Dramatiker Union" (1985)
„Boy-Gobert-Preis": Ehrenmaske mit Brillanten
Hamburger Medaille für Kunst und Wissenschaft
(1990)
„Ernst-Reuter-Plakette" in Silber der Stadt Berlin
(1991)
„Telestar-Sonderpreis" für das Lebenswerk (1995)
Ehrenpreis des „Deutschen Fernsehpreises" (2000)

Literatur

FEMBIO Frauen-Biographie-Forschung
http://www.fembio.org
INTERNET MOVIE DATABASE
(Film-Datenbank)
http://www.imdb.com
KAEMPF, Simone: Die alte Dame und der Deich, Der
Spiegel, 3. Mai 1999, Hamburg
MEYSEL, Inge: Frei heraus – Mein Leben, Berlin 1991
PACHER, Maurus: Inge Meysel. Die verborgenen Jahre,
Berlin 1991
PROBST, Ernst: Superfrauen 7 – Film und Theater,
Mainz-Kostheim 2001
PUBLIKUMSLIEBLINGE NICHT NUR VON
GESTERN http://www.steffi-line.de
Internetseite von Stephanie D'heil, Düsseldorf
STAMER, Sabine: Inge Meysel, Hamburg 2003
WIKIPEDIA (Online-Lexikon)
http://wikipedia.org

Bildquellen

Klaus Benz, Fotograf, Mainz-Laubenheim: 30

Dirk Ingo Franke/CC-BY-SA3.0: 12 (via
WikimediaCommons), lizensiert unter
CreativeCommons-Lizenz by-sa-3.0-de
http://creativecommons.org/licenses/by-sa/3.0/
legalcode

Marc Heiko Ulrich, Hassel (Weser), Kunstzeichner: 1

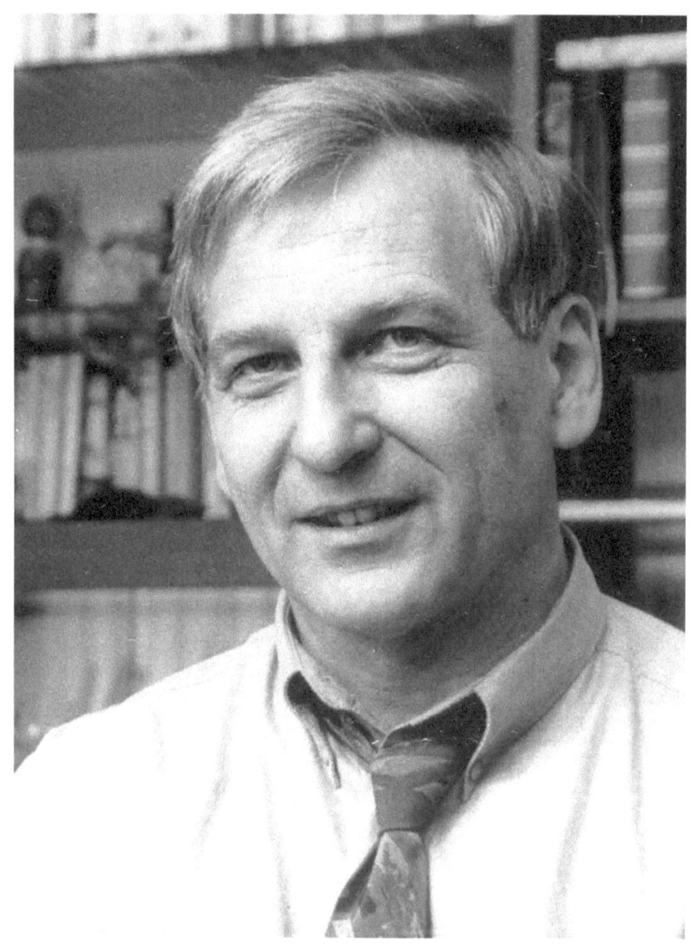

Autor Ernst Probst

Der Autor Ernst Probst

Ernst Probst, geboren am 20. Januar 1946 in Neunburg vorm Wald im bayerischen Regierungsbezirk Oberpfalz, ist Journalist und Wissenschaftsautor. Er arbeitete von 1968 bis 1971 als Redakteur bei den „Nürnberger Nachrichten", von 1971 bis 1973 in der Zentralredaktion des „Ring Nordbayerischer Tageszeitungen" in Bayreuth und von 1973 bis 2001 bei der „Allgemeinen Zeitung", Mainz. In seiner Freizeit schrieb er Artikel für die „Frankfurter Allgemeine Zeitung", „Süddeutsche Zeitung", „Die Welt", „Frankfurter Rundschau", „Neue Zürcher Zeitung", „Tages-Anzeiger", Zürich, „Salzburger Nachrichten", „Die Zeit", „Rheinischer Merkur", „Deutsches Allgemeines Sonntagsblatt", „bild der wissenschaft", „kosmos", „Deutsche Presse-Agentur" (dpa), „Associated Press" (AP) und den „Deutschen Forschungsdienst" (df). Aus seiner Feder stammen die Bücher „Deutschland in der Urzeit" (1986), „Deutschland in der Steinzeit" (1991), „Rekorde der Urzeit" (1992), „Dinosaurier in Deutschland" (1993 zusammen mit Raymund Windolf) und „Deutschland in der Bronzezeit" (1996). Von 2001 bis 2006 betätigte sich Ernst Probst als Buchverleger sowie zeitweise als internationaler Fossilienhändler und Antiquitätenhändler. Insgesamt veröffentlichte er rund 200 Bücher, Taschenbücher, Broschüren und E-Books.

Bücher von Ernst Probst

(Auswahl)

Als Mainz noch nicht am Rhein lag

Annie Oakley
Die Meisterschützin des Wilden Westens

Archaeopteryx. Der Urvogel
aus Bayern

Christl-Marie Schultes. Die erste Fliegerin in Bayern
(zusammen mit Theo Lederer)

Cortés und Malinche. Der spanische Eroberer
und seine indianische Geliebte

Der Europäische Jaguar

Der Mosbacher Löwe
Die riesige Raubkatze aus Wiesbaden

Der Rhein-Elefant
Das Schreckenstier von Eppelsheim

Der Schwarze Peter
Ein Räuber im Hunsrück und Odenwald

Der Ur-Rhein
Rheinhessen vor zehn Millionen Jahren

Deutschland im Eiszeitalter

Deutschland in der Frühbronzezeit

Deutschland in der Mittelbronzezeit

Deutschland in der Spätbronzezeit

Die Aunjetitzer Kultur in Deutschland

Die Straubinger Kultur in Deutschland

Die Singener Gruppe

Die Arbon-Kultur in Deutschland

Die Ries-Gruppe und die Neckar-Gruppe

Die Adlerberg-Kultur

Der Sögel-Wohlde-Kreis

Die nordische Bronzezeit in Deutschland

Die Hügelgräber-Kultur in Deutschland

Die ältere Bronzezeit in Nordrhein-Westfalen

Die Bronzezeit in der Lüneburger Heide

Die Stader Gruppe

Die Oldenburg-emsländische Gruppe

Die Urnenfelder-Kultur in Deutschland

Die ältere Niederrheinische Grabhügel-Kultur

Die Unstrut-Gruppe

Die Helmsdorfer Gruppe

Die Saalemündungs-Gruppe

Die Lausitzer Kultur in Deutschland

Die Dolchzahnkatze Megantereon

Die Dolchzahnkatze Smilodon

Höhlenlöwen. Raubkatzen
im Eiszeitalter

Julchen Blasius
Die Räuberbraut des Schinderhannes

Katharina II. die Große.
Die Deutsche auf dem Zarenthron

Johann Jakob Kaup
Der große Naturforscher aus Darmstadt

Königinnen der Lüfte in Deutschland

Königinnen der Lüfte in Europa

Königinnen der Lüfte in Amerika

Königinnen der Lüfte von A bis Z

Rund 70 Kurzbiografien berühmter Fliegerinnen,
Ballonfahrerinnen, Luftschifferinnen, Fallschirm-
springerinnen, Astronautinnen und Kosmonautinnen

Königinnen des Films

Königinnen des Tanzes

Königinnen des Theaters

Rekorde der Urmenschen
Erfindungen, Kunst und Religion

Rekorde der Urzeit
Landschaften, Pflanzen und Tiere

Säbelzahnkatzen. Von Machairodus
bis zu Smilodon

Säbelzahntiger am Ur-Rhein. Machairodus
und Paramachairodus

Superfrauen aus dem Wilden Westen

Superfrauen 1 – Geschichte

Superfrauen 2 – Religion

Superfrauen 3 – Politik

Superfrauen 4 – Wirtschaft und Verkehr

Superfrauen 5 – Wissenschaft

Superfrauen 6 – Medizin

Superfrauen 7 – Film und Theater

Zenobia von Palmyra.
Eine Frau kämpft gegen die Römer

Bestellungen bei: http://www.grin.com